CATALOGUE

de la

3me Exposition

des

Aquarelles Originales

Sépias, Encre de Chine, etc., etc.

de la

" COLLECTION GUILLAUME "

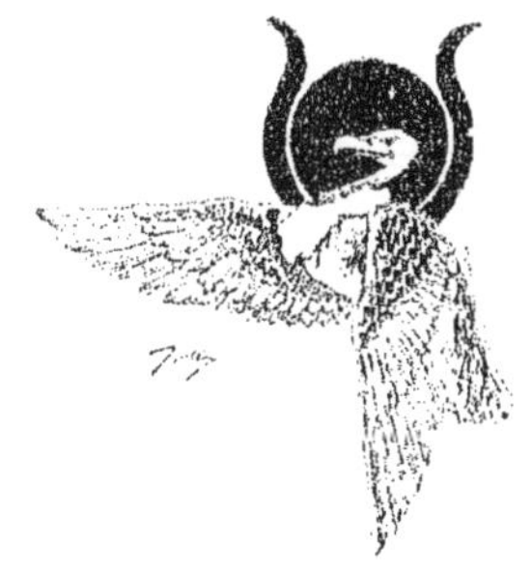

EXPOSITION

Les Lundi 5 et Mardi 6 Novembre et la Vente *Mercredi 7 et Jeudi 8 Novembre 1894*

Galerie Georges PETIT, 8, rue de Sèze

—

PARIS

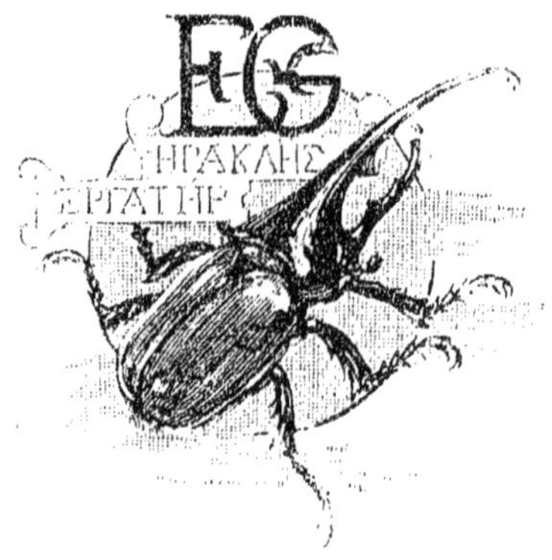

Edouard Guillaume, imp.-édit., 105, boulevard Brune, Paris.

“Collection Guillaume”

Conditions de la Vente

Elle sera faite au comptant.

Les acquéreurs paieront *cinq pour cent* en sus des adjudications.

N.-B. — *Les aquarelles et dessins ayant servi à illustrer les volumes de la* " Collection Guillaume " *sont environ de quatre à six fois plus grands que les reproductions.*

CATALOGUE

de la

3me Exposition

des

Aquarelles Originales

Sépias, Encre de Chine, etc., etc.

Ayant servi aux illustrations

de la

" *COLLECTION GUILLAUME* "

par

BIELER — L.-ED. FOURNIER

GAMBARD — PIERRE LOTI — L. MAROLD — MITTIS — MONTÉGUT

MONTENARD — DE MYRBACH — PICARD — ROSSI

Dont la vente aura lieu à Paris

Galerie GEORGES PETIT, 8, rue de Sèze

Les Mercredi **7** et Jeudi **8** Novembre 1894, à 2 heures *précises*

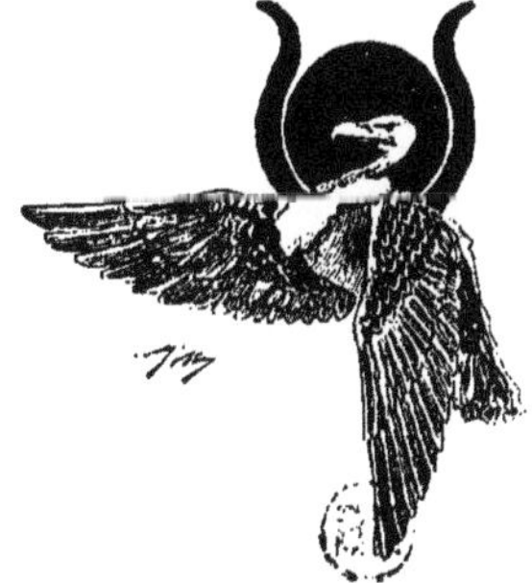

Commissaire-Priseur	Expert
Me JULES HUGUET	M. GEORGES PETIT
71, rue de la Victoire, 71	12, rue Godot-de-Mauroi, 12

PARIS

EXPOSITION

Les Lundi 5 et Mardi 6 Novembre 1894

De 1 heure à 6 heures

CATALOGUE

des

Aquarelles originales

de la

"Collection Guillaume"

(3me EXPOSITION)

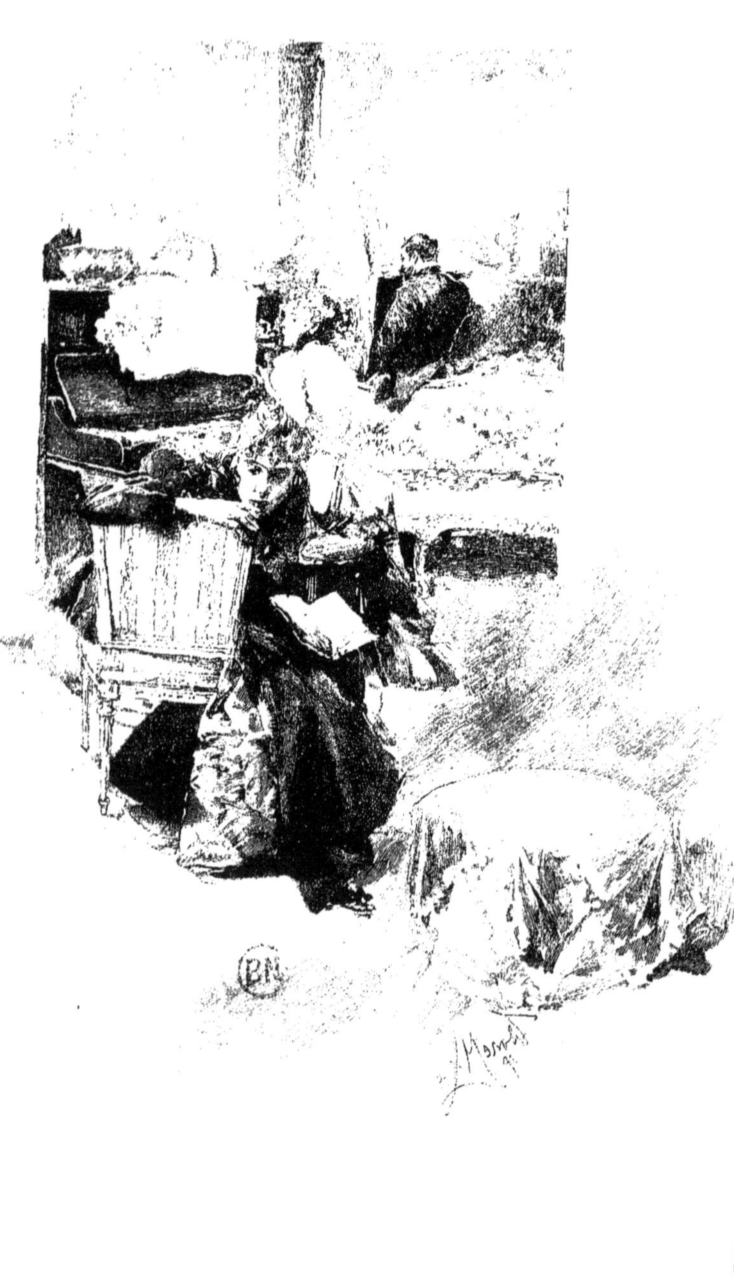

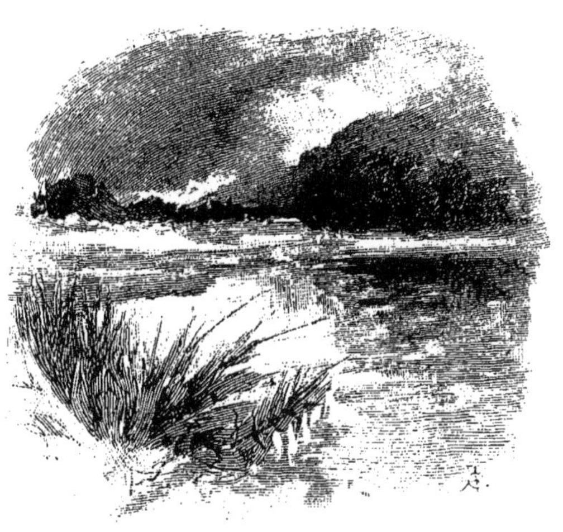

Robert Helmont

par

ALPHONSE DAUDET

☆

G. PICARD

1. — Couverture.
2. — Frontispice.
3. — Ce matin, je suis sorti pour la première fois... — P. 15.

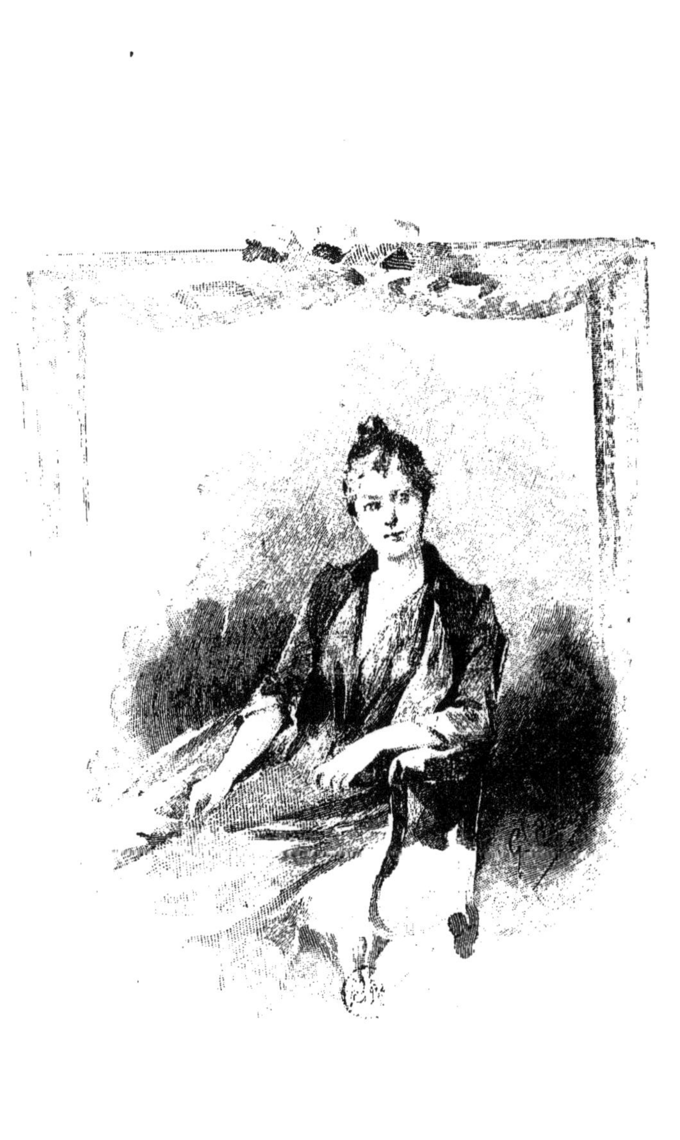

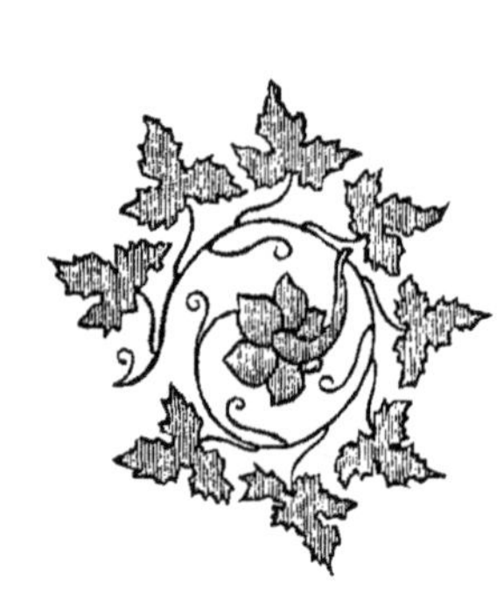

48. — 15 dessins sur feuille : en-têtes, culs-de-lampe, etc...

MONTÉGUT

49. — 22 dessins sur feuille.

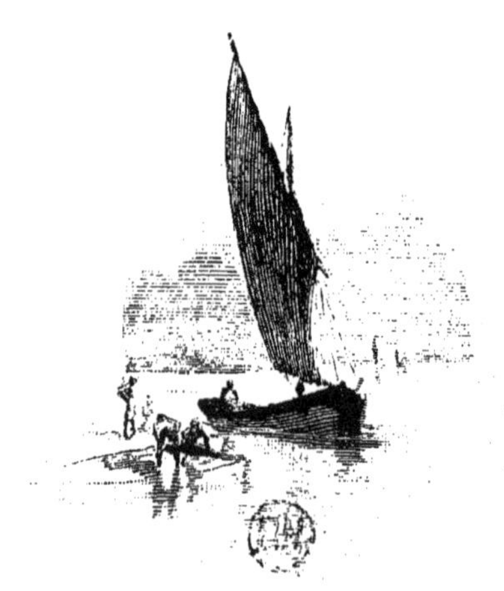

L'Obstacle

par

ALPHONSE DAUDET

✿

MAROLD

60. — Didier, sur le divan... — P. 193.

61. — Inédit.

62. — Vase de fleurs. — P. 58.

63. — Le Christ. — P. 144.

64. — Armes du marquis d'Alein. — P. 187.

*
* *

BIELER

65. — Hornus lisant... — P. 17.

66. — Estelle se verse un verre d'orangeade. — P. 25.

67. — La marquise, Madeleine, Hornus. — P. 31.

68. — Didier revient de la mascarade. — P. 55.

69. — Madeleine, Noëlie et le Conseiller. — P. 56.

70. — La marquise, Didier, Hornus. — P. 80.

71. — La marquise, Hornus. — P. 91.

GAMBARD

85. — Frontispice.

86. — Hornus et la marquise. — P. 11.

87. — Didier chantant. — P. 50.

88. — Le domaine de Colombières. — P. 73.

89. — Le Couvent des Dames-Bleues. — P. 131.

90. — Entrée du Château de Colombières. — P. 191.

⁂

MONTÉGUT

91. — Estelle. — P. 30.

92. *a* Didier. — P. 46.
b Didier franchit le balcon. — P. 51.
c Mlle de Castillan à la laiterie. — P. 96.
d Estelle, entrant par le perron. — P. 97.

93. *a* Didier et sa mère. — P. 82.
b La femme et les fils de Sautecœur posant des collets. — P. 210.
c La marquise, Didier et sa fiancée. — P. 237.
d Hornus, Didier enfant. — P. 195.

94. *a* Sautecœur. — P. 84.
b Le chien du garde. — P. 90.

95. *a* L'intérieur du couvent. — P. 137.
b La Vierge. — P. 149.
c Inédit.
d Inédit.

96. *a* Coffineau. — P. 14.
b Hornus dans son bateau. — P. 16.
c Didier sanglote sur le divan. — P. 111.
d La Supérieure, Hornus, Estelle, le Conseiller. — P. 154.

97. *a* Noëlie avec ses bouquets. — P. 148.
b Didier se regarde dans la glace. — P. 194.
c Inédit.

98. — 13 dessins sur feuille.

Werther

par

GŒTHE

✩

MAROLD

99. — Je suis allé à la fontaine, j'y ai trouvé une jeune servante... — P. 11.

100. — Une jeune fille d'une taille moyenne... — P. 33.

101. — Werther. — P. 118.

102. — Ville allemande. — P. 121.

103. — ... Je pouvais rester là assis, des heures entières... — P. 149.

104. — ... Le prince a le sentiment de l'art... — P. 153.

105. — « ... Ils ont passé par tes mains... » — P. 221.

106. — Le tombeau de Werther. — P. 228.

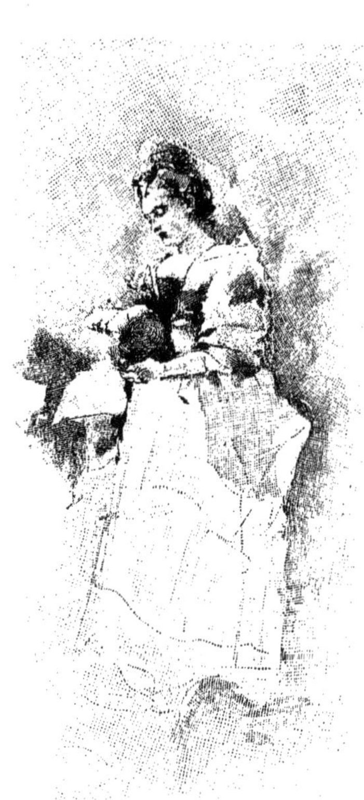

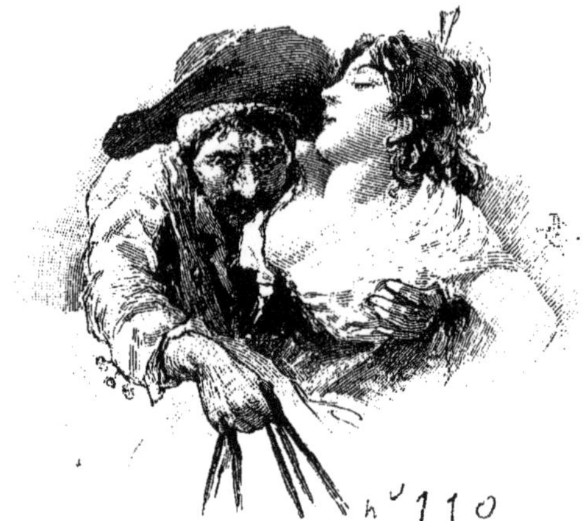

L'Arlésienne

par

ALPHONSE DAUDET

☆

MAROLD

107. — Balthazar. — P. 15.

108. — ... Allons, défends-toi, bandit... que je te tue... — P. 143.

109. — ... Il l'emporte, il la serre... — — P. 163.

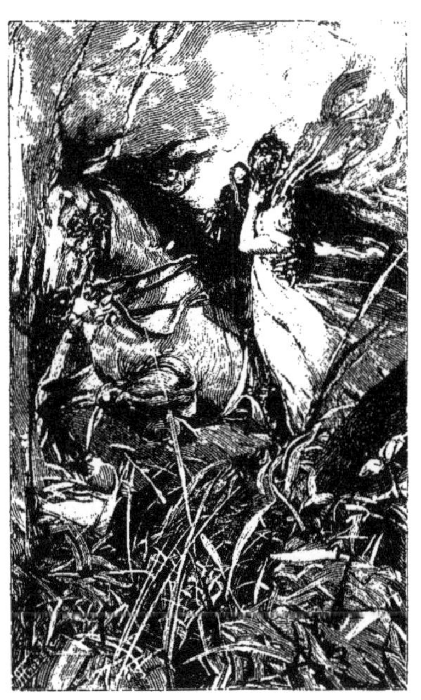

GAMBARD

110. — Couverture.

111. — Frontispice.

112. — La ferme de Castelet. — P. 3.

113. — Le puits de la ferme. — P. 46.

114. — L'étang du Vacarès. — P. 49.

115. — Flamant rose... — P. 86.

116. — La cuisine de Castelet. — P. 89.

117. — Paysage. — P. 116.

118. — Farandole de St-Eloi. — P. 119.

119. — La magnanerie. — P. 149.

120. — Le loup et l'agneau. — P. 167.

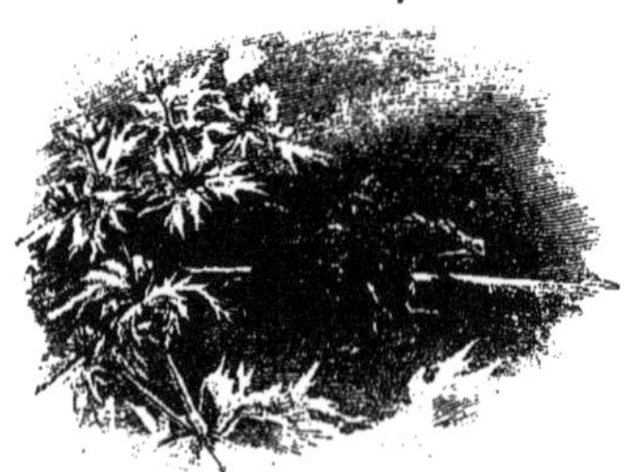

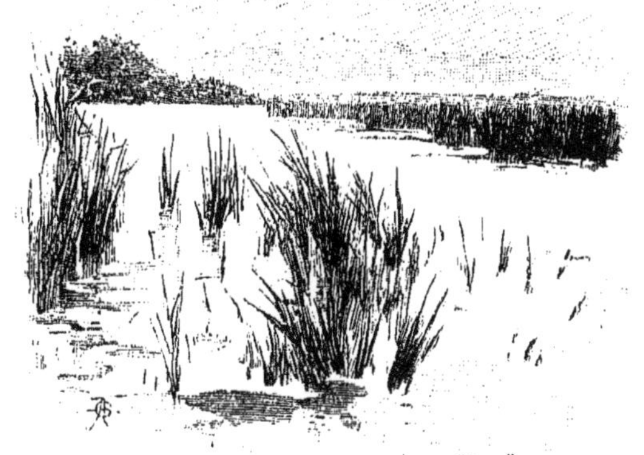

Le Bambou

PÉRIODIQUE ILLUSTRÉ

✰

MAROLD

121. — (Tome V.) — Eï-Mor et Tholrog. — P. 32.

122. — (Tome III.) — Tholrog et Eyrimah. — P. 32.

123. — (Tome III.) — Tholrog sauve Eyrimah. — P. 61.

124. — (Tome V.) — Tholrog et la fille de Rob-Sen. — P. 53.

125. — (Tome IV.) — Lutte d'Irkwar et de Tholrog. — P. 77.

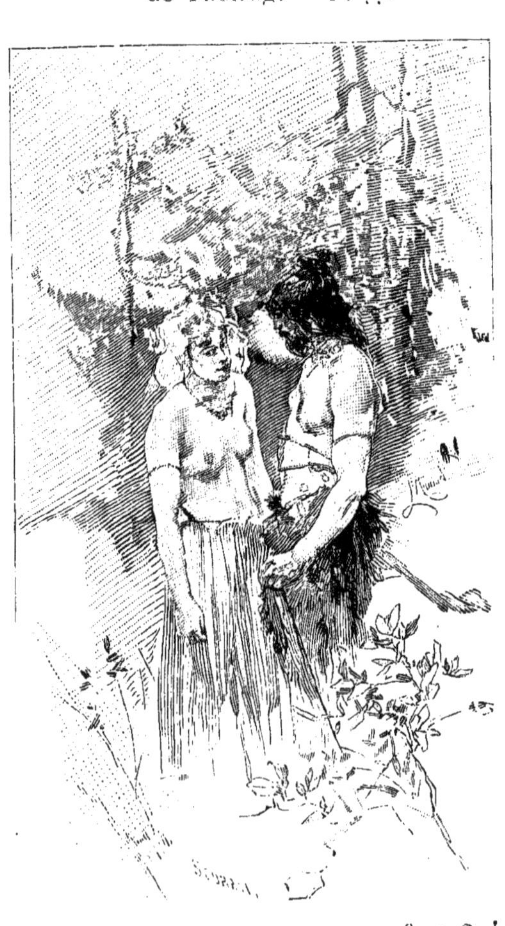

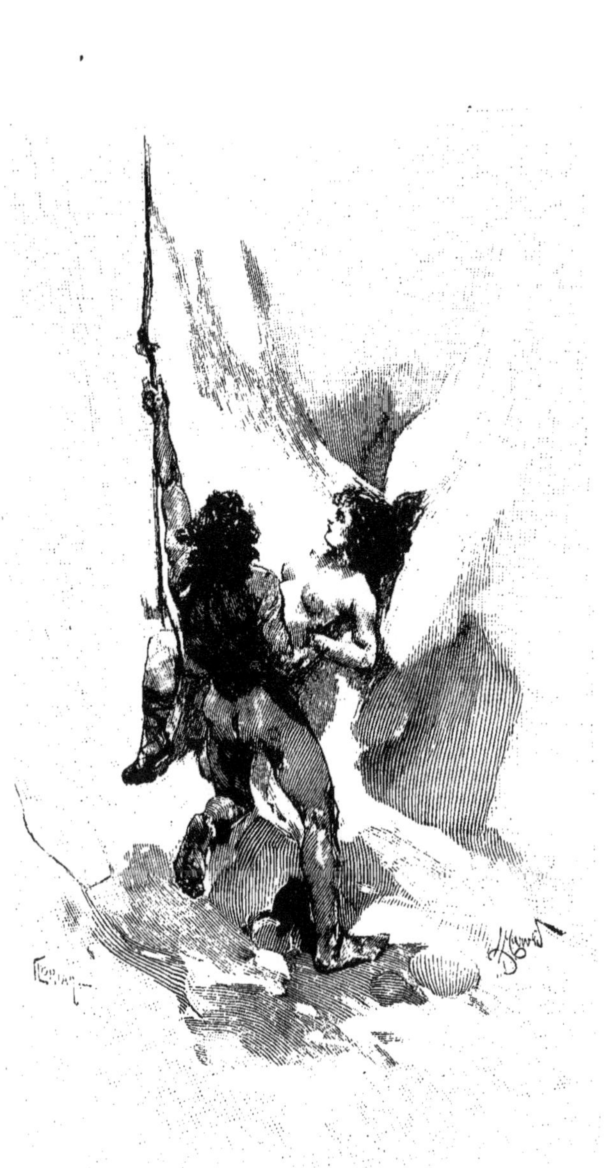

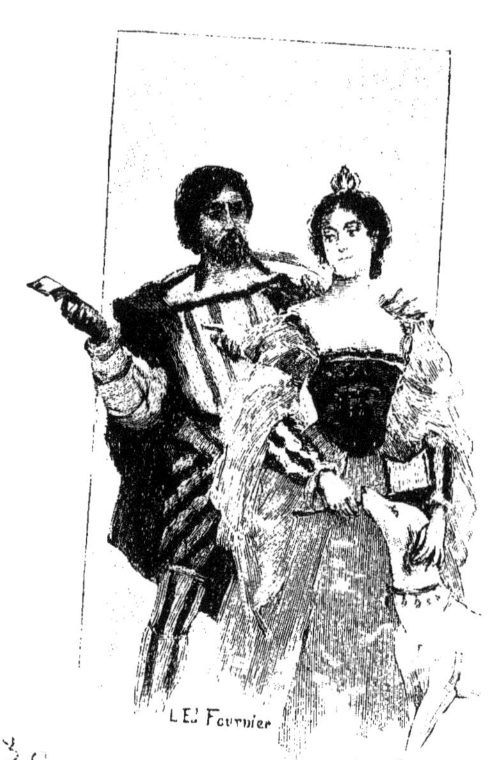
L. Ed. Fournier

Œuvres Complètes

de

Molière

LOUIS-ÉDOUARD FOURNIER

(GRAND-PRIX DE ROME)

Sganarelle

22 { 126. *a* (Tome II.) — P. 3.
b (Tome II.) — P. 48.
127. — (Tome II.) — P. 29.

Don Garcie de Navarre

12 { 128. *a* (Tome II.) — P. 52.
b (Tome II.) — P. 144.
129. — (Tome II.) — P. 73.
130. — (Tome II.) — P. 81.

Les Fourberies de Scapin

131. *a* (Tome II.) — P. 147.
b (Tome II.) — P. 274.

132. — (Tome II.) — P. 193.

133. — (Tome II.) — P. 233.

Le Misanthrope

134. *a* (Tome III.) — Titre.
b (Tome III.) — P. 3.

L'Ecole des Maris

135. *a* (Tome III). — P. 113.
b (Tome III.) — P. 189.

136. — (Tome III.) — P. 133.

137. — (Tome III.) — P. 173.

Les Fâcheux.

138. *a* (Tome III.) — P. 201.
b (Tome III.) — P. 257.

139. — (Tome III.) — P. 213.

140. — (Tome III.) — P. 229.

141. — (Tome III.) — P. 241.

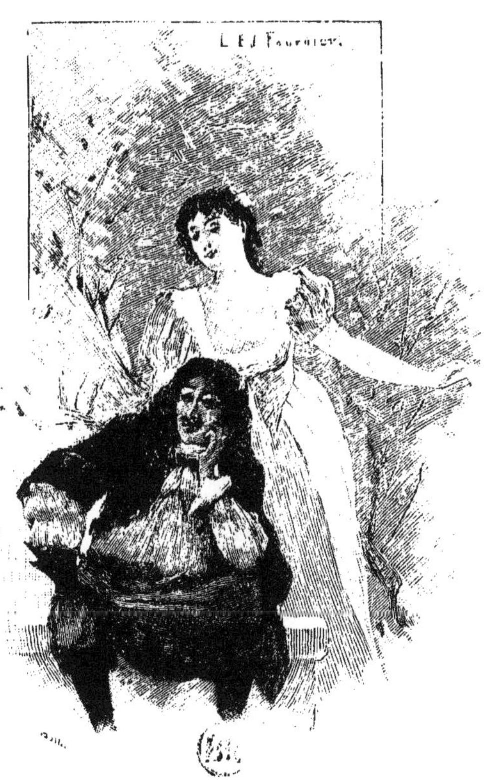

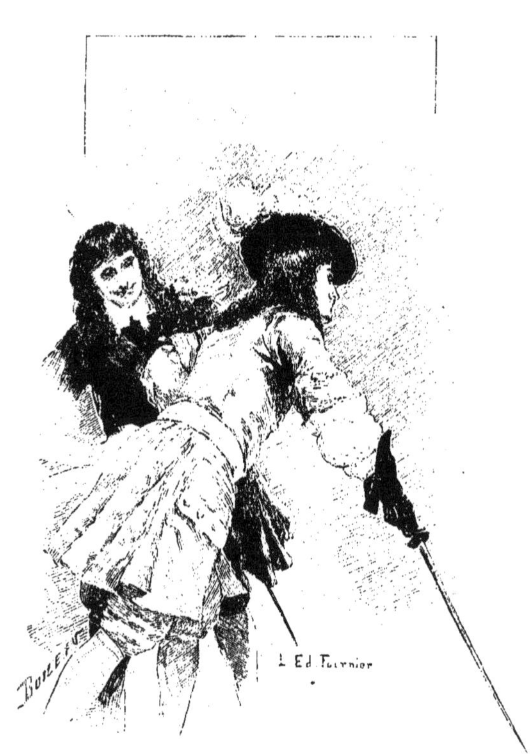
L. Ed. Fournier

L'Ecole des Femmes

142. *a* (Tome IV.) — P. 9.
b (Tome IV.) — P. 122.

143. — (Tome IV.) — P. 57.

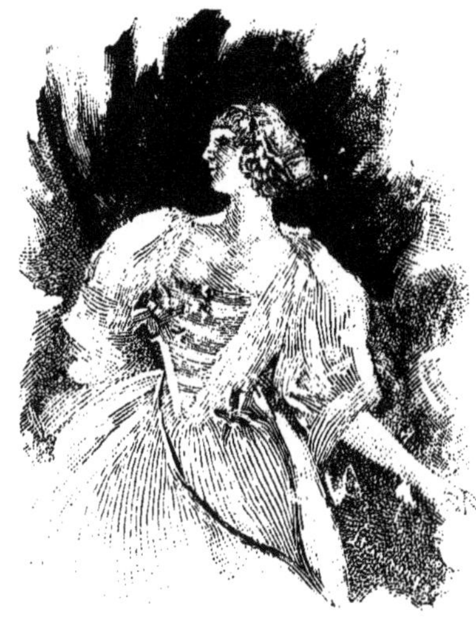

144. — (Tome IV.) — P. 113.

La Critique de l'Ecole des Femmes

145. *a* (Tome IV.) — P. 127.
b (Tome IV.) — P. 197.

146. — (Tome IV.) — P. 161.

147. — (Tome IV.) — P. 193.

L'Impromptu de Versailles

148. *a* (Tome IV.) — P. 205.
b (Tome IV.) — P. 264.

149. — (Tome IV.) — P. 225.

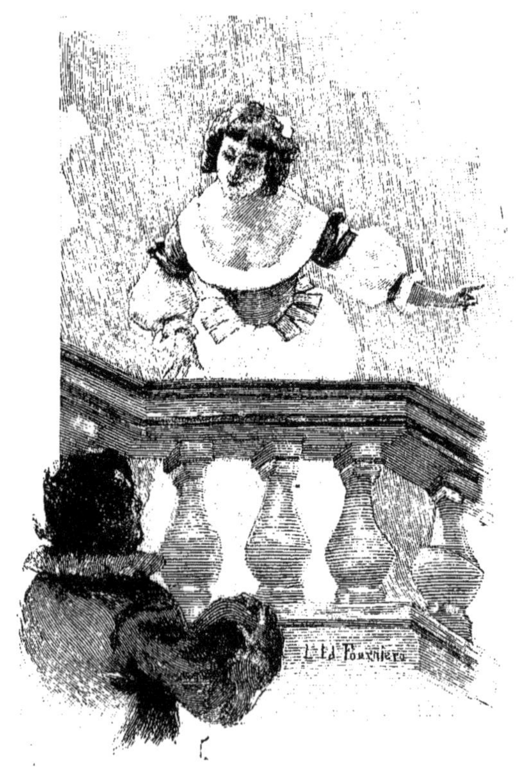

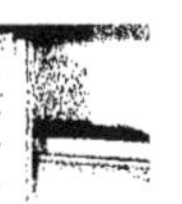

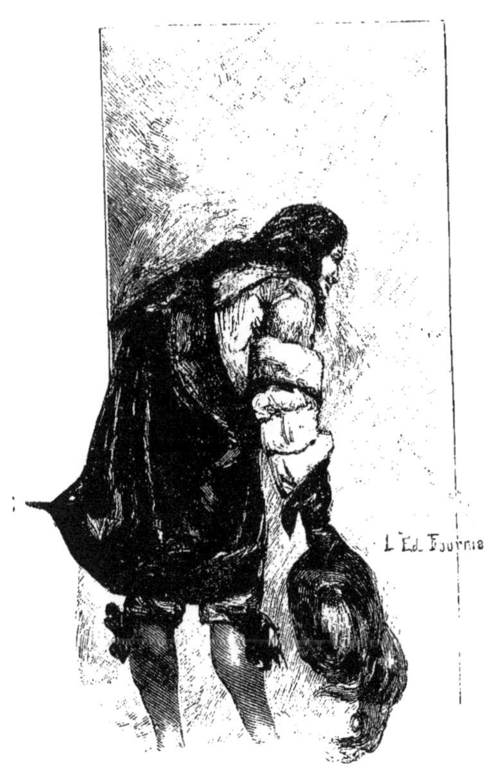
L. Ed. Fournie

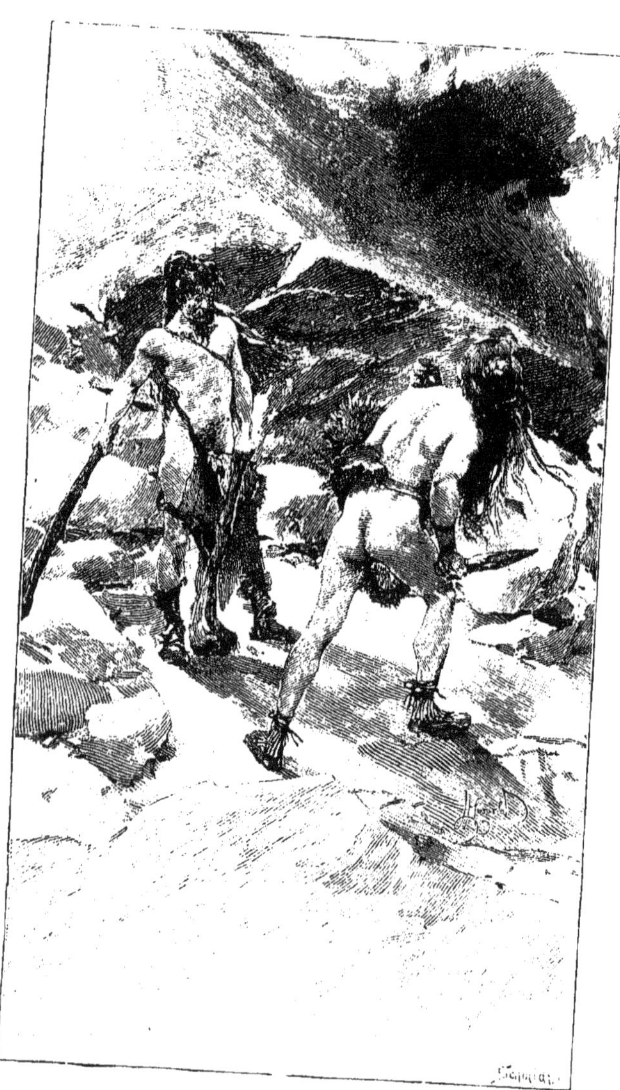

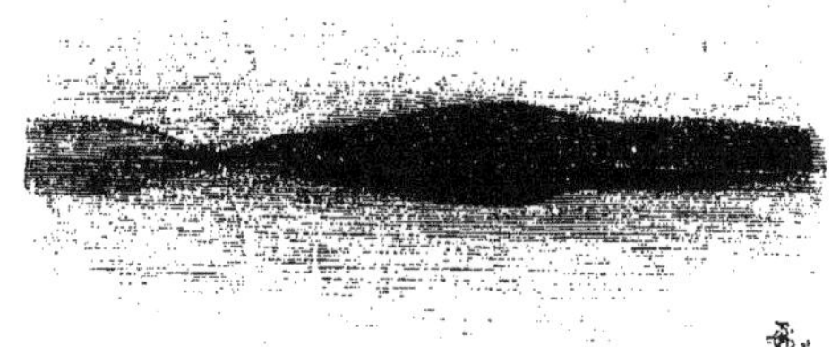

Jean Sbogar

par

CHARLES NODIER

☆

MITTIS

150. — 8 dessins sur feuille.

151. — 8 dessins sur feuille.

152. — 8 dessins sur feuille.

153. — 12 dessins sur feuille

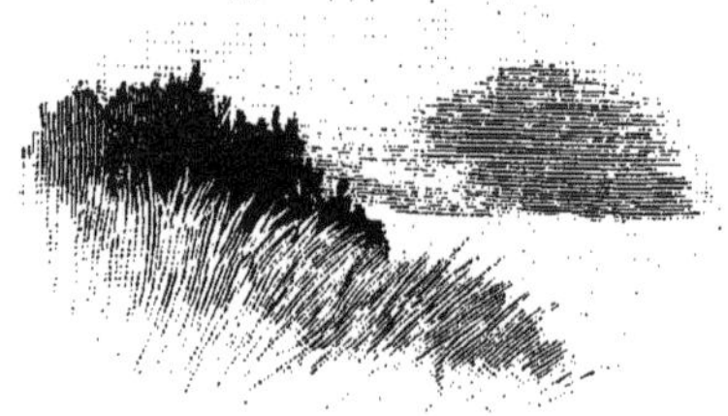

Ondine

par

LA MOTTE-FOUQUÉ

MITTIS

154. — 5 dessins sur feuille.

8 155. — 8 dessins sur feuille.

156. — 8 dessins sur feuille.

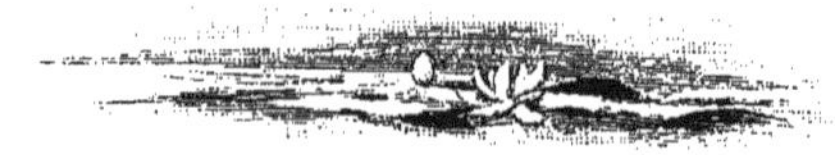

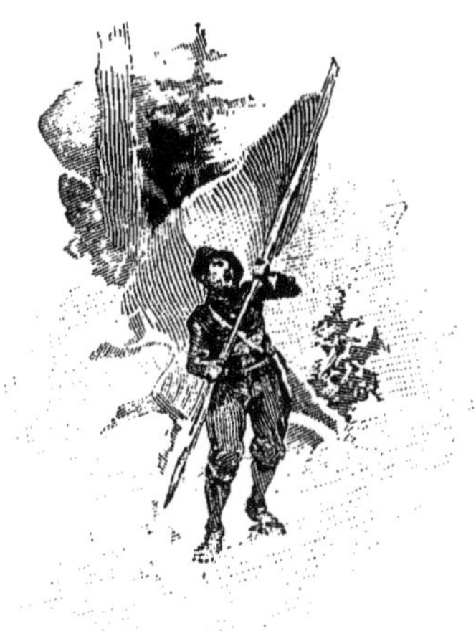

La Frontière

par

JULES CLARETIE

☆

G. PICARD

157. — Couverture.

158. — Le petit montagnard. — P. 24.

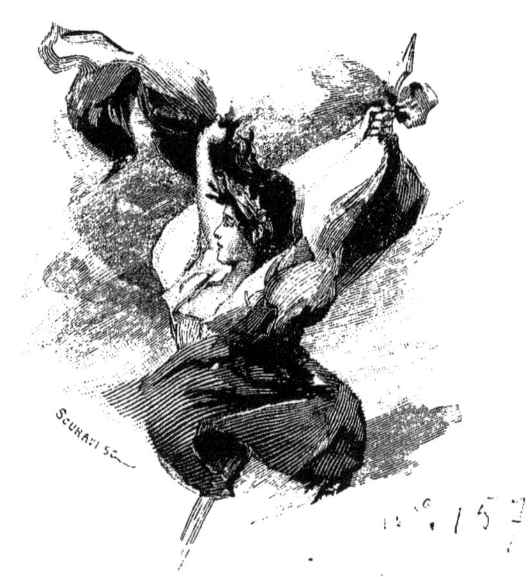

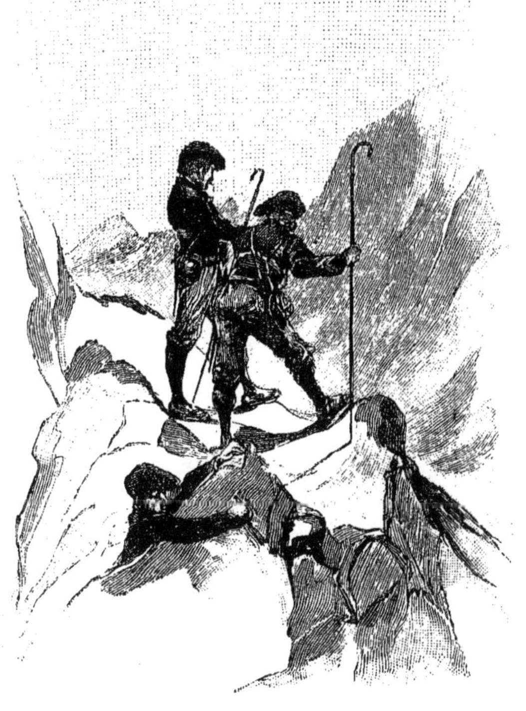

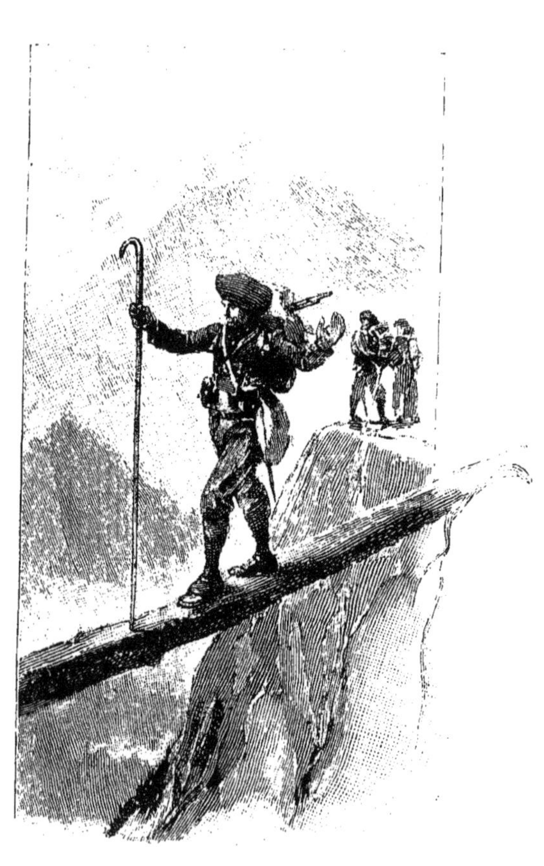

164. — Le capitaine Deberle regardant Orthegaray avec sa lorgnette... — P. 83.

165. — Le déserteur italien. — P. 100.

166. — Patrie. — P. 101.

167. — La mère du capitaine Deberle. — P. 116.

168. — La marche des Alpins. — P. 117.

169. — La petite troupe allant à la recherche du drapeau... — P. 133.

170. — « ... Là, là... capitaine... il est là, le drapeau!... » — P. 134.

171. — Inédit.

172. — 13 dessins sur feuille.

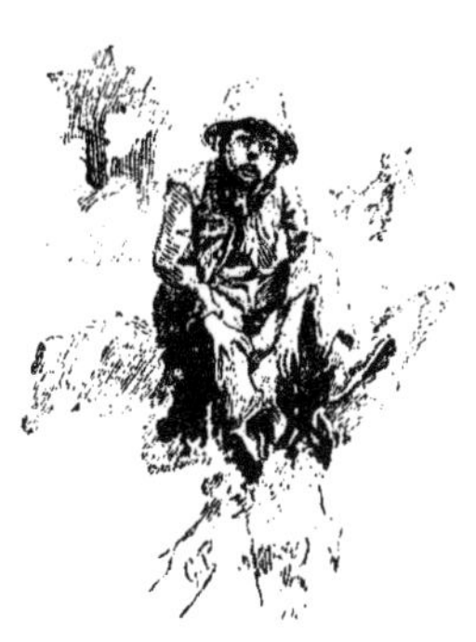

Le Mariage de Loti

par

PIERRE LOTI

*

DESSINS DE PIERRE LOTI

173. — Idoles. — Iles de Pâques.
174. — Le lac.
175. — Bords de rivière.
176. — Idoles au clair de lune.
177. — Forêt.
178. — Le Pic de Bora-Bora.
179. — Les idoles.
180. — La négresse.
181. — Tétouara.

182. — Cul-de-lampe : Plage.

183. — Forêt.

184. — Palmiers.

185. — La route d'Apiré.

186. — La reine Vahékéhu.

187. — Rivière.

188. — L'Ile de Bora-Bora.

***

ROSSI

189. — La petite princesse et les oiseaux.

190. — Rarahu et Loti.

191. — La princesse et l'oiseau mort.

192. — La petite princesse.

193. — La princesse et sa suite.

194. — Rarahu abandonnée.

195. — Rarahu et sa compagne.

GAMBARD

196. — Les parents de Rarahu.

⁂

197. — 6 dessins dans un même cadre de Rossi.

198. — 8 dessins dans un même cadre de Rossi.

199. — 2 dessins Rossi et 6 Gambard dans un même cadre.

200. — 5 dessins Rossi et 1 Boudier dans un même cadre.

201. — 4 dessins Rossi et 1 Gambard dans un même cadre.

202. — 3 dessins Rossi et 3 Gambard dans un même cadre.

203. — Portrait de Loti par Rossi.

204. — Portrait de la reine Pomaré par Rossi.

205. — 4 Rossi et 2 Gambard sur feuille.

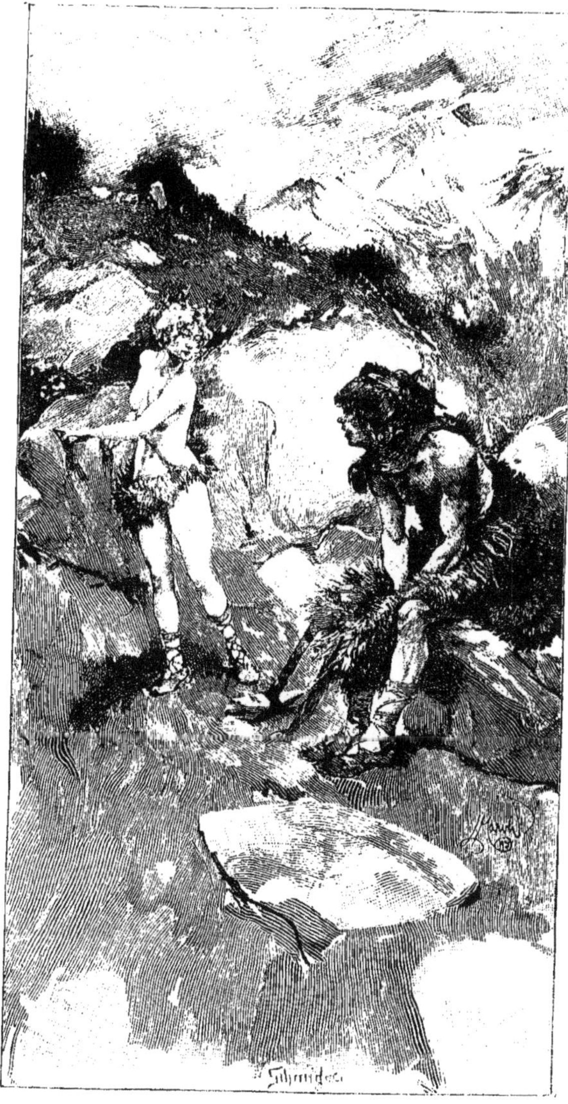

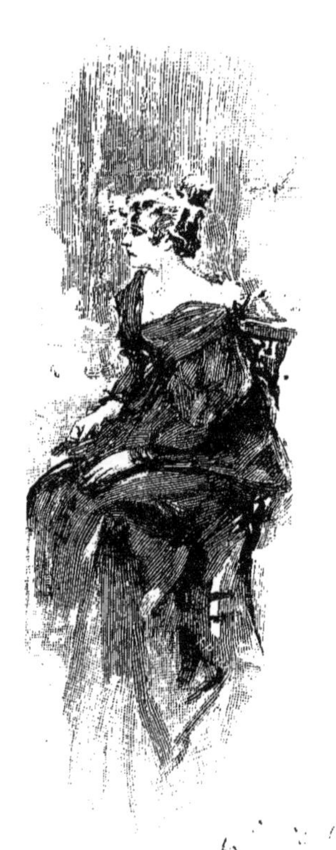

Pierre Schlémihl

par

A. DE CHAMISSO

✫

MAROLD

206. — Mina. — P. 80.

✫
✫ ✫

MITTIS

207. — Titre.

208. — L'homme qui m'achète mon ombre... — P. 9.

209. — Mon vaisseau... — P. 40.

210. — Mon ombre s'est attachée à la glace... — P. 41.

211. — Schlémihl. — P. 74.

212. — Je cours après mon ombre. — P. 75.

213. — Le vieux me harcèle. — P. 106.

214. — Il disparut... — P. 130.

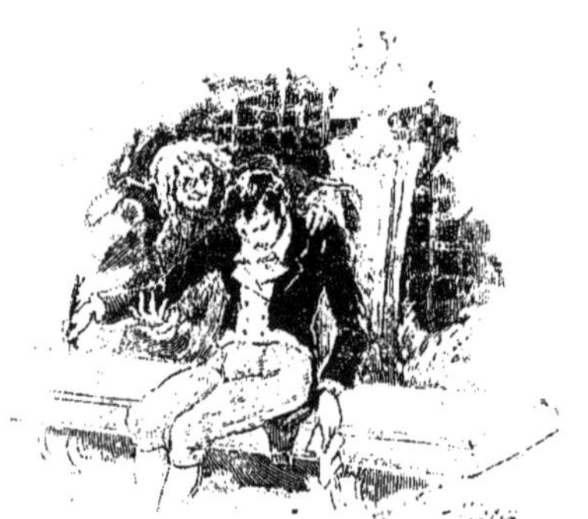

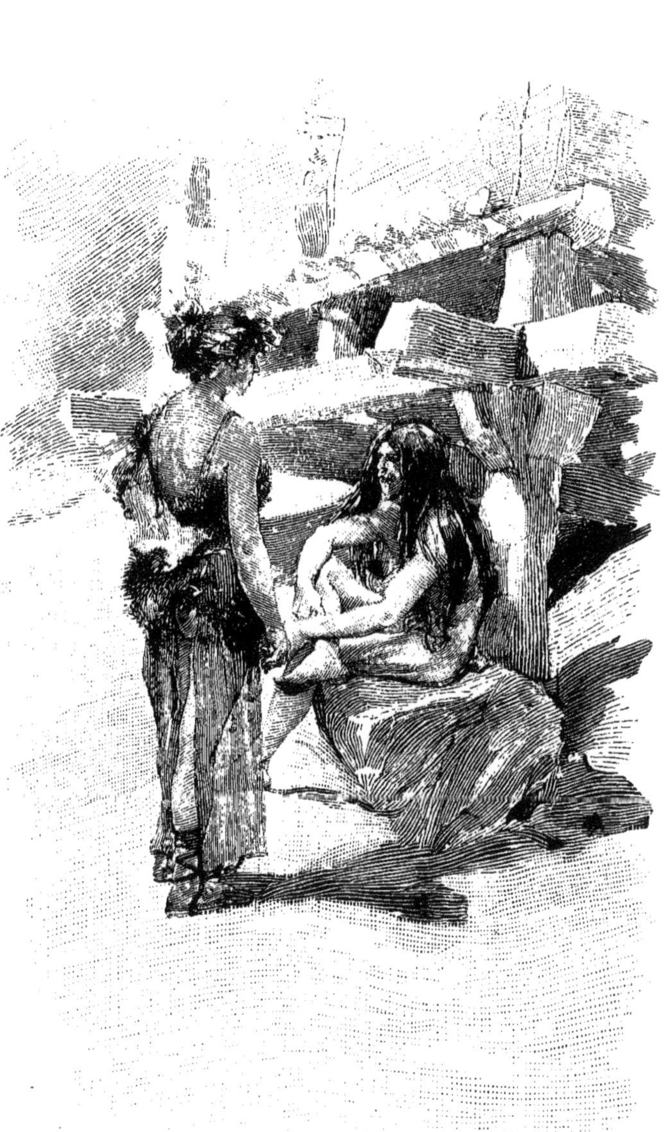

Bambou. t. V

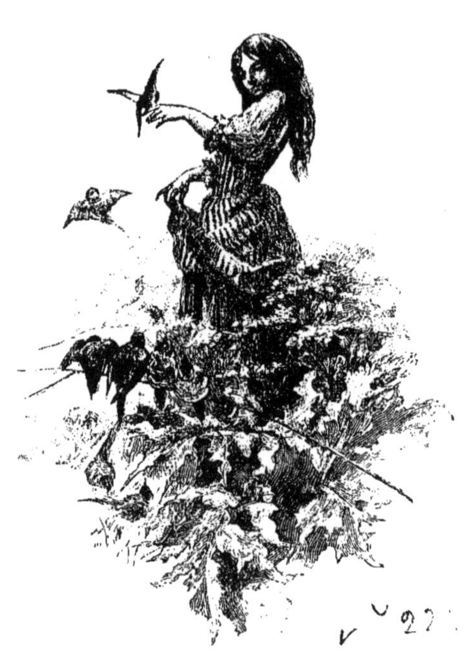

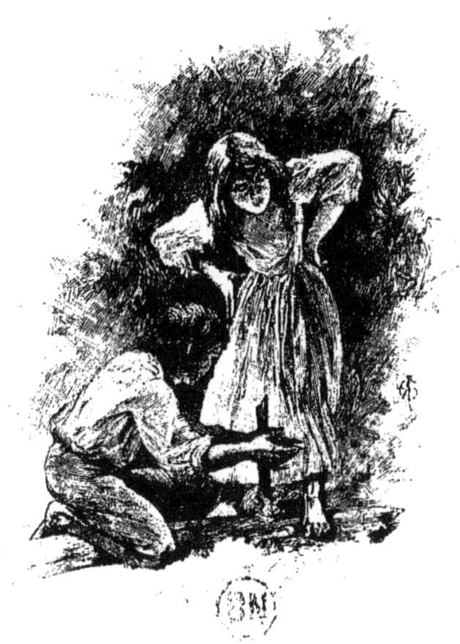

Paul et Virginie

par

B. DE SAINT-PIERRE

✰

GAMBARD

219. — Deux petites cabanes en ruines...
— P. 1.

220. — ... Un jour que je descendais...
— P. 21.

221. — En peu de moments, il vit sortir du point de contact de la fumée... — P. 37.

222. — ... Des perruches vertes comme des émeraudes... — P. 63.

223. — ... Remplissant la cruche de Virginie, et en la lui posant sur la tête... — P. 73.

224. — ... Elle détourna la tête pour que Paul ne la vit pas pleurer... — P. 111.

225. — ... Un vieux seigneur de ses amis... — P. 131.

226. — ... Un jour, je l'y trouvai accablé de mélancolie... — P. 151.

227. — ... Levant en haut des yeux sereins, parut un ange qui prend son vol... — P. 189.

228. — Des Indiennes du Bengale apportèrent des cages pleines d'oiseaux... — P. 197.

229. — Paul mourut deux mois après... — P. 223.

49

230. — Le vieillard me quitte. — P. 228.

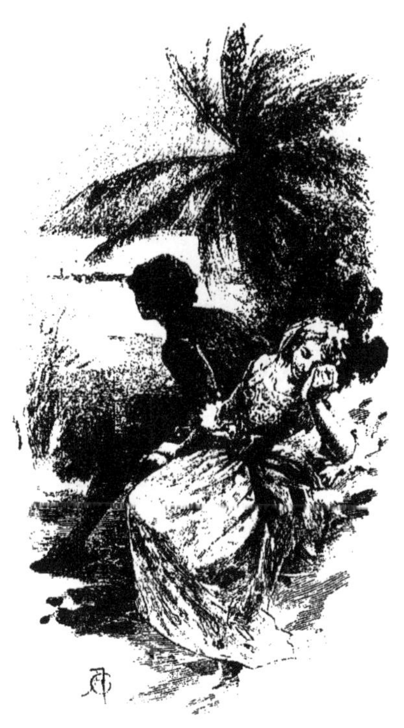

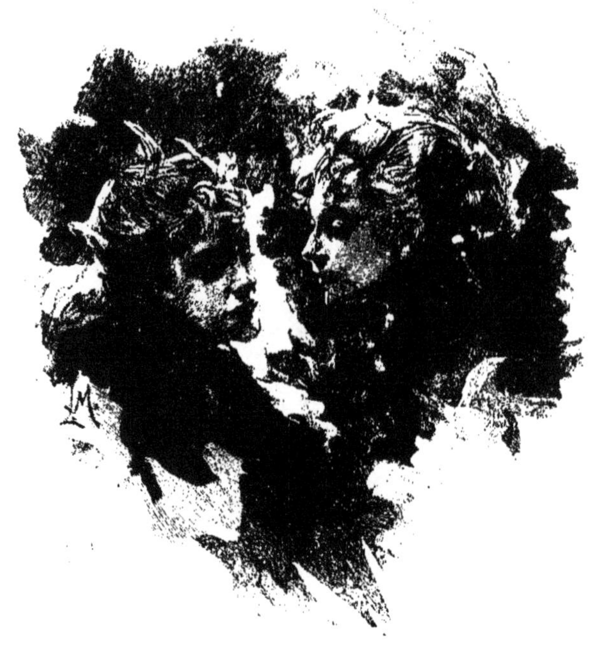

Rose et Ninette

par

ALPHONSE DAUDET

✲

MAROLD

231. — Couverture.
232. — Frontispice.

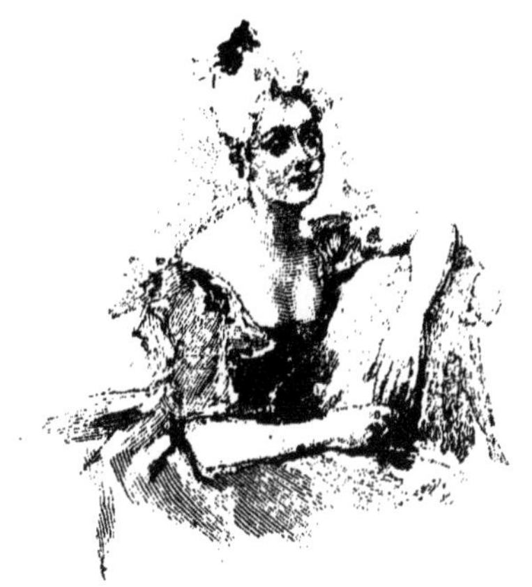

Manon Lescaut

par

L'ABBÉ PRÉVOST

MAROLD

233. — Frontispice.

ROSSI

234. — Elle s'assit. Je demeurai debout... — P. 59.

235. — Le premier compliment du vieillard fut d'offrir à sa belle... — P. 111.

236. — Manon à la prison de l'Hôpital. — P. 176.

237. — Elle se mit à rajuster mes cheveux... — P. 189.

238. — Je me couchai sur la fosse, le visage tourné vers le sable. — P. 320.

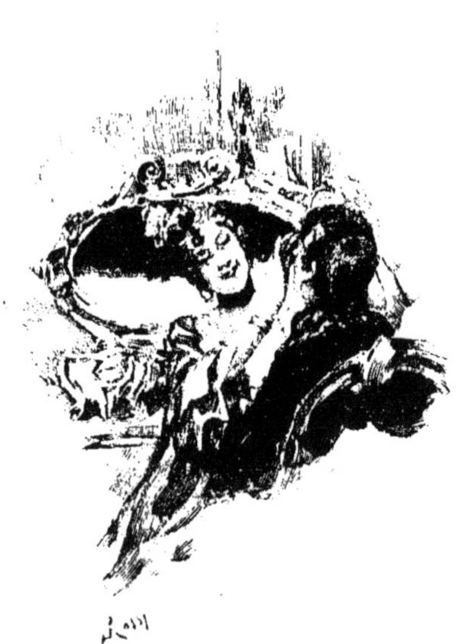

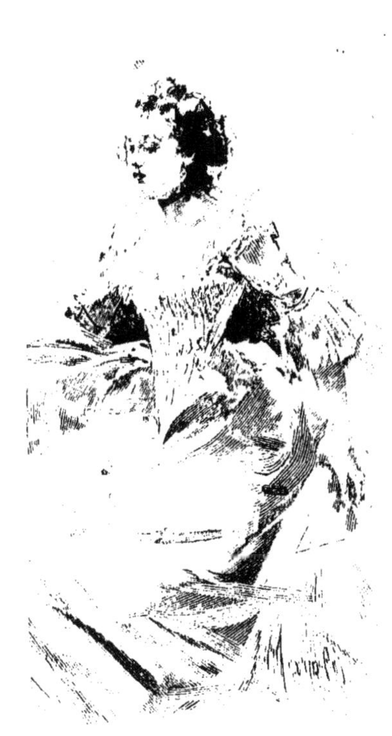

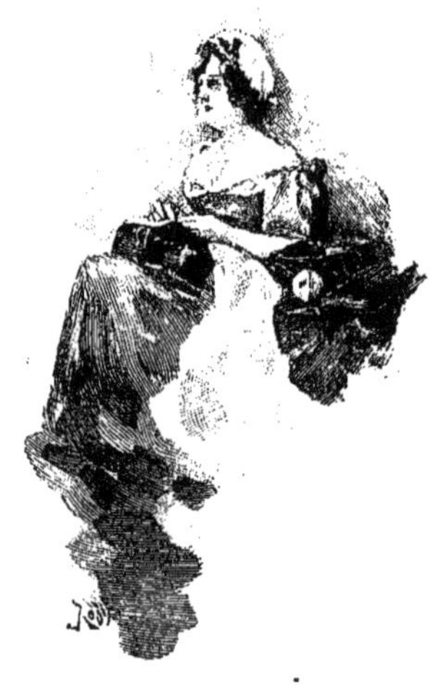

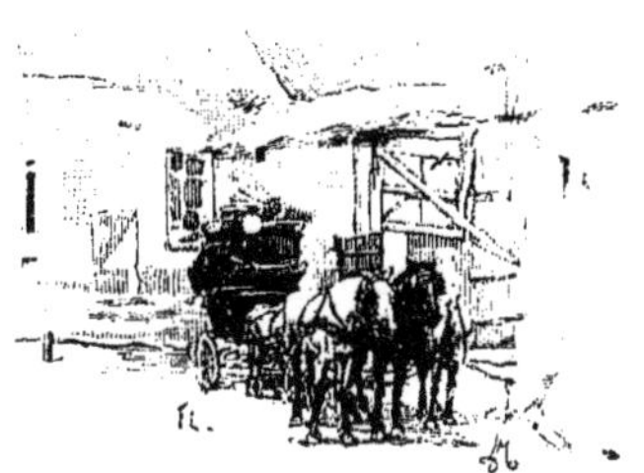

Armande

par

E. et J. DE GONCOURT

MAROLD

239. — Titre.

240. — La diligence de Bordeaux est arrivée à Langon. — P. 1.

241. — Le lit d'Armande. — P. 6.

242. — Le café de la Providence. — P. 16.

243. — Cet honnête homme de cochon reposait... — P. 19.

18 244. — « Un grand garçon, en blouse blanche... » — P. 26.

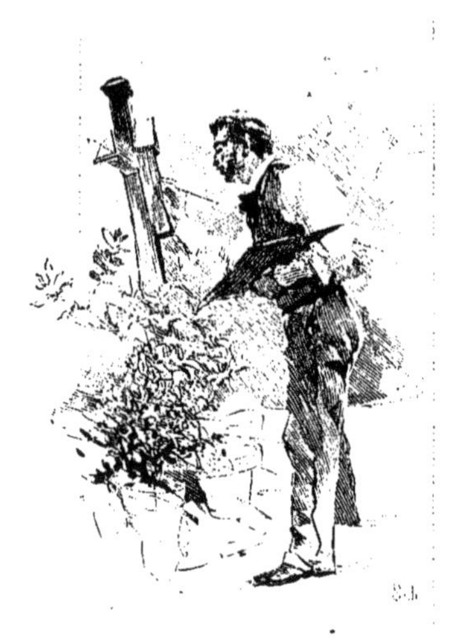

245. — Branche. — P. 29.

30 246. — Sur la porte de l'auberge. — P. 35.

247. — Momus. — P. 41.

18 248. — Pipe en coco sculpté. — P. 47.

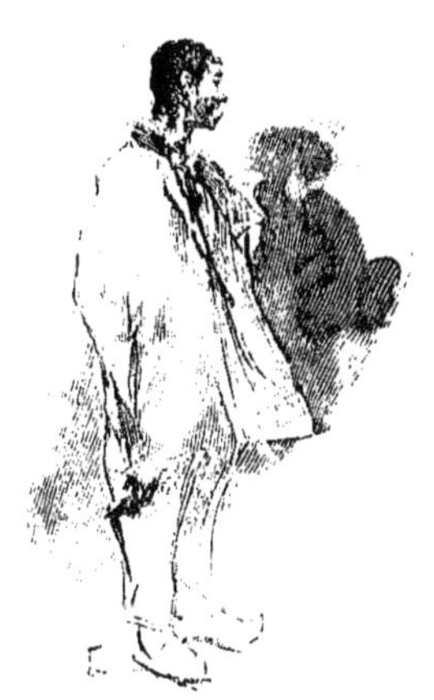

256. — Le premier comique mettait les noms sur les croix de bois. — P. 81.

257. — Les trois lettres pour Armande. — P. 84.

258. — Notre-Dame de Paris. — P. 98.

259. — Encrier. — P. 108.

260. — Pièces d'or. — P. 112.

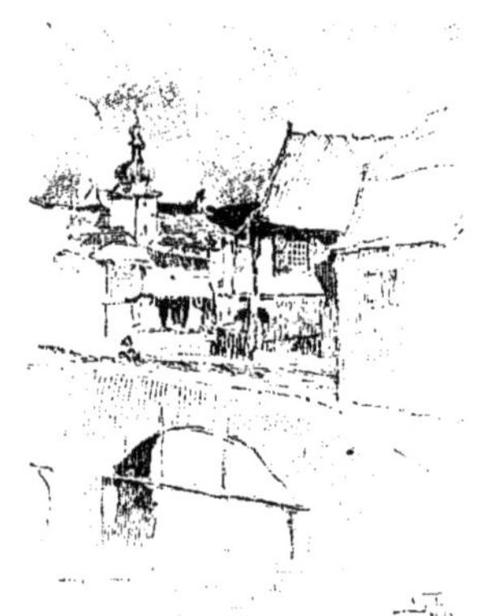

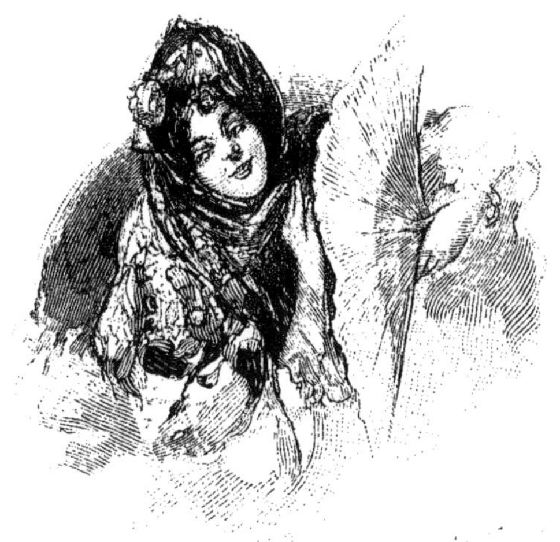

Inès de Las Sierras

(Mademoiselle de Marsan)

par

CHARLES NODIER

G. PICARD

261. — Couverture.

262. — Venise. — P. 1.

263. — Je montai sur la gondole de Mario... — P. 37.

264. — ... Elle appuya ses mains sur mes épaules... — P. 53.

265. — Barque de marinier. — P. 59.

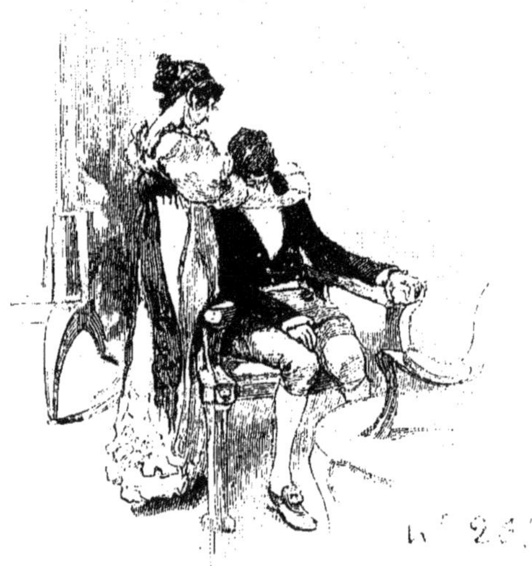

266. — Portail de l'église de Codroïpo. — P. 61.

267. — Une femme en domino s'était emparée de moi... — P. 89.

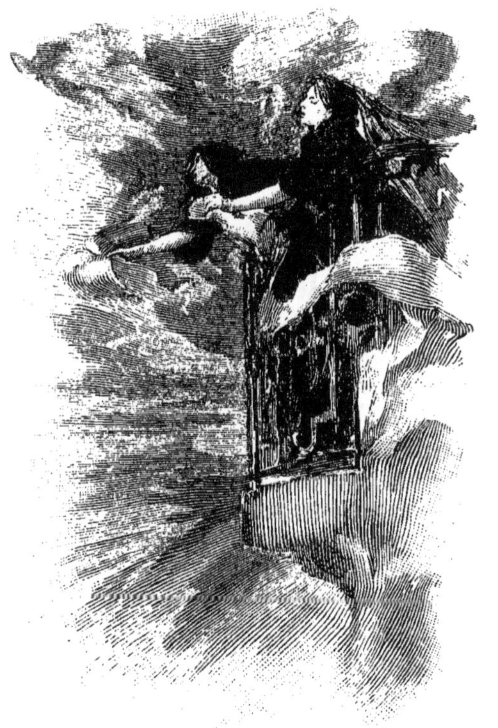

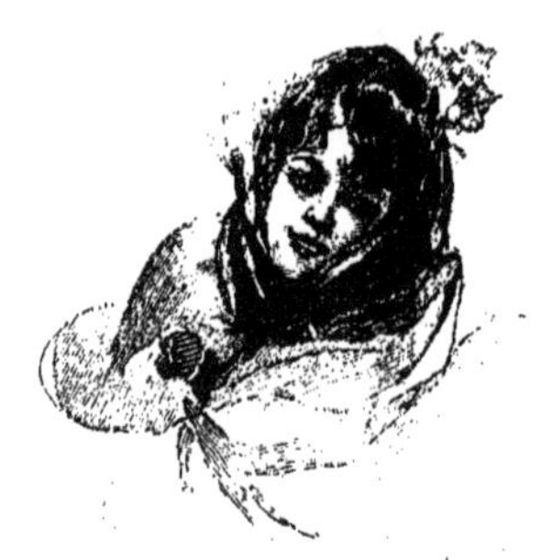

Inès de Las Sierras

277. — Je m'élançai sur le devant de la loge. — P. 293.

278. — La Pedrina. — P. 326.

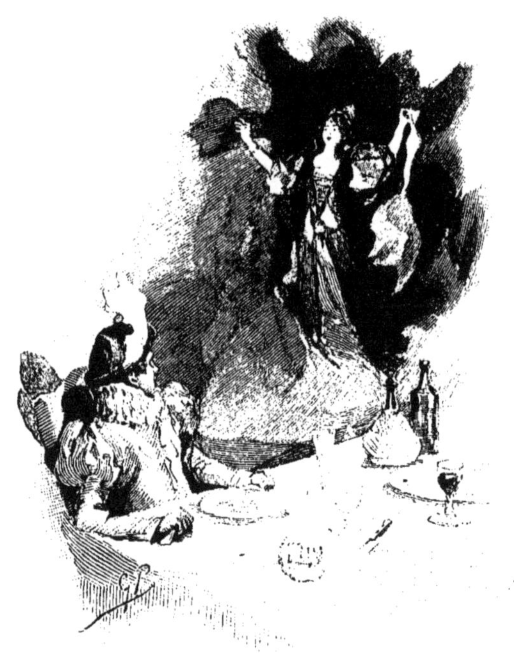

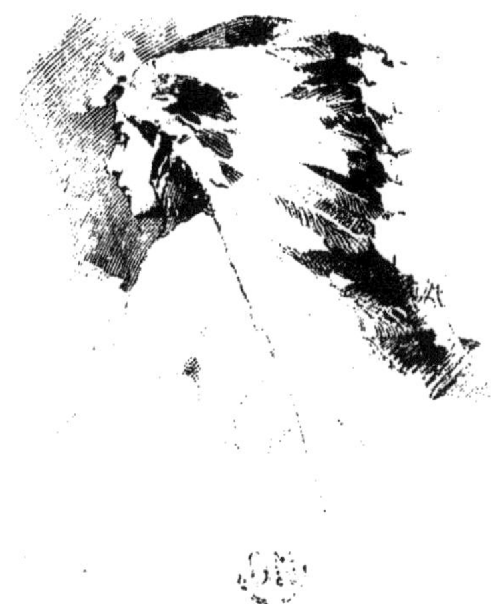

Atala

par

CHATEAUBRIAND

MAROLD

279. — Titre.

280. — ... Cependant on m'avait étendu sur le dos... — P. 15.

281. — A la lueur des éclairs, je tenais mon épouse dans mes bras... — P. 71.

282. — Ses beaux yeux étaient fermés... — P. 133.

* * *

GAMBARD

283. — Chactas et René. — P. 13.

284. — Je tenais la main d'Atala et nous suivions le missionnaire. — P. 77.

285. — Une force surnaturelle me contraint de tomber à genoux... — P. 128.

286. — Vers le soir, nous transportâmes ses précieux restes... — P. 129.

287. — Tombant à genoux et embrassant étroitement la fosse... — P. 142.

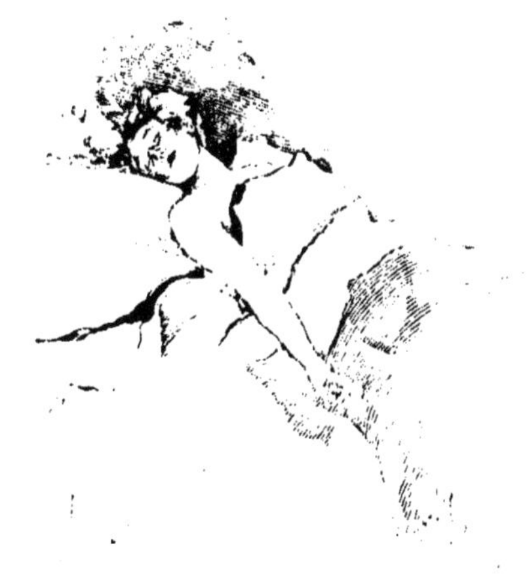

n°. 27

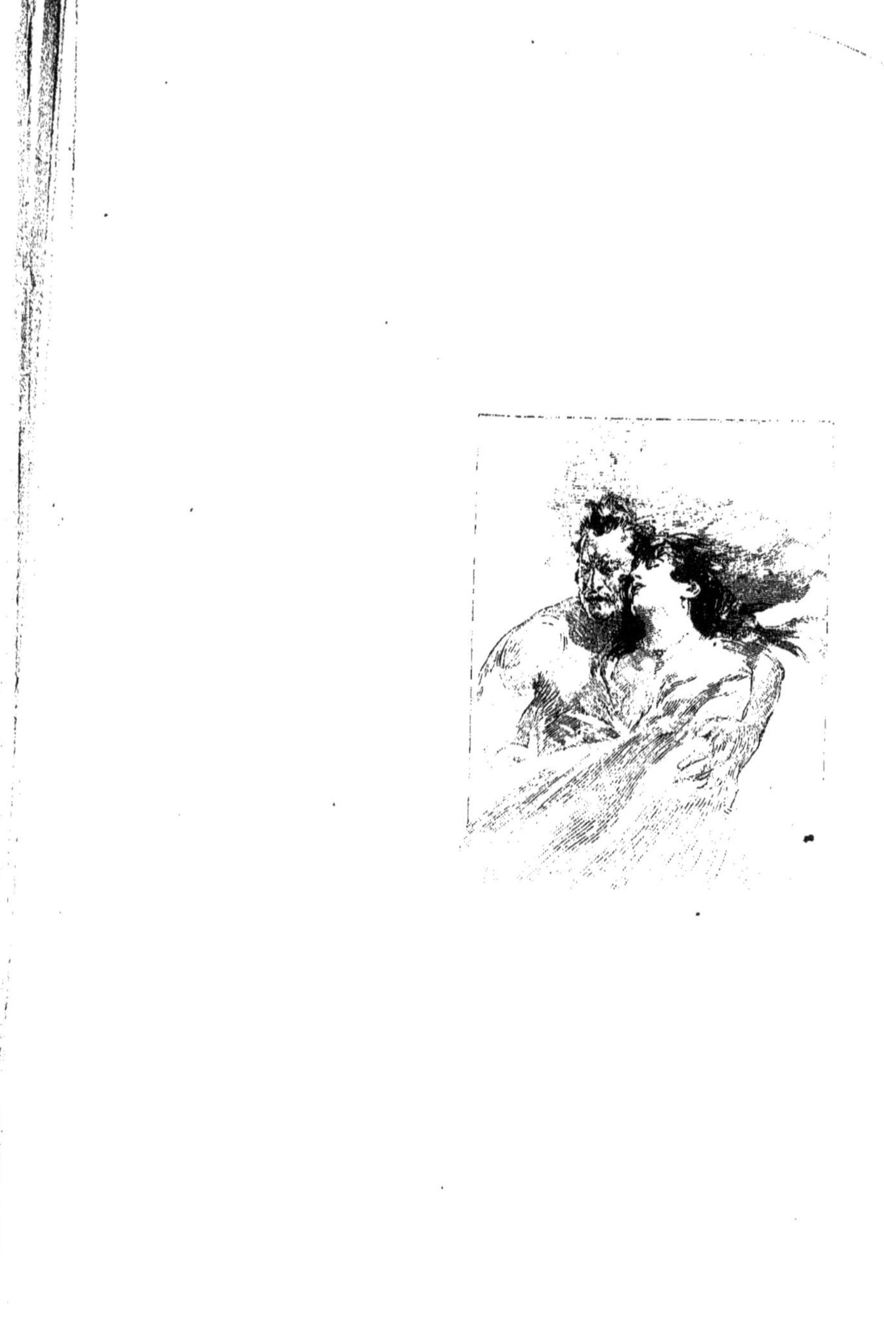

Tartarin sur les Alpes

par

ALPHONSE DAUDET

☆

MONTENARD

288. — La gare de Tarascon. — P. 29.

289. — Sur cette voie triomphale, où tant de fois il avait passé à la tête de ses chasseurs de casquettes... — P. 353.

290. — Et la pastèque qu'il achetait à un maraîcher lui parut délicieuse... — P. 360.

291. — Inédit.

292. — Inédit.

☆ ☆
☆

MYRBACH

292 *bis*. — Inédit.

Port-Tarascon

par

ALPHONSE DAUDET

☆

GAMBARD

293. — Inédit.

☆
☆ ☆

MYRBACH

294. — « ... Té !... Bézuquet... » — P. 123.

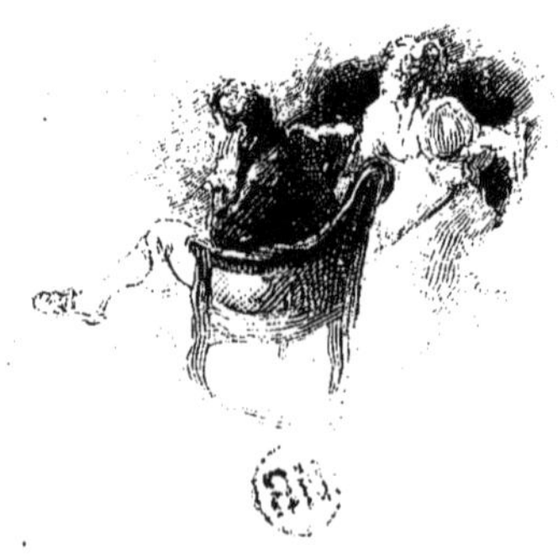

Sapho

par

ALPHONSE DAUDET

✫

G. PICARD

295. — L'atelier de Déchelette. — P. 251.

✫
✫ ✫

ROSSI

296. — Caoudal. — P. 291.

✫
✫ ✫

GAMBARD

297. — Inédit.
298. — Inédit.
299. — Inédit.

Les Rois en Exil

par

ALPHONSE DAUDET

✫

MYRBACH

300. *a* Le roi et le petit prince. — P. 9.
b Le roi et le duc de Rosen. — P. 13.
c La reine et son fils. — P. 101.
d Inédit.

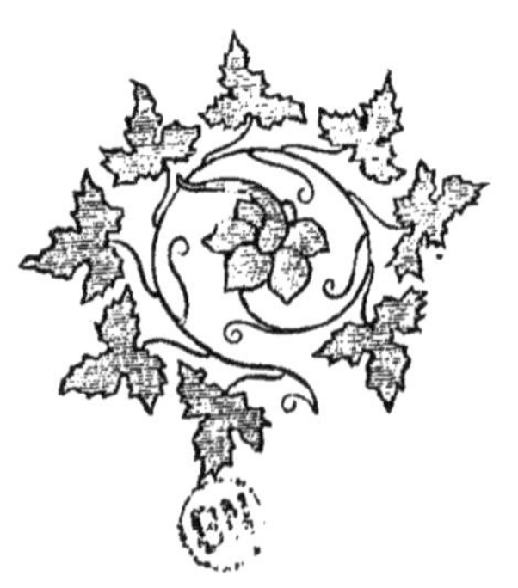

Édouard Guillaume, Édit.-Imp., 105, boulevard Brune, à Paris.

www.ingramcontent.com/pod-product-compliance
Ingram Content Group UK Ltd.
Pitfield, Milton Keynes, MK11 3LW, UK
UKHW020351180726
13839UKWH00003B/1021